Para mi familia,
y nuestro amor por Chile.

Historia e Ilustraciones por **Michelle Valenzuela Caorsi**

Roxy
Descubre Chile

ROXY
BOOKS

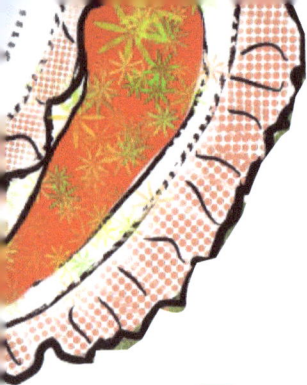

En un largo y misterioso territorio al sur del mundo se encuentra Chile. Entre su majestuosa cordillera de los Andes cubierta por un manto blanco de nieve, y las olas espumosas y saladas del gran Pacífico, se esconden hermosos tesoros naturales. De Norte a Sur existe una gran cantidad de maravillas para explorar y animales por conocer.

En este bello y lejano país
vive la pequeña Roxy, una
perrita amistosa y curiosa.
Que no les engañe su
ternura o su peinado blanco
y esponjoso que se asemeja a
un algodón de azúcar. Roxy
es una valiente aventurera.
Hoy lleva un vestido floreado
que se usa para celebrar
fiestas nacionales.

¿Qué estas
celebrando Roxy?
"Un nuevo paseo",
dice. "Síganme
y verán".

"Comenzamos con la primera parada en el extremo Norte", dice Roxy, "en la ciudad de Arica".

Esta ciudad con sus abundantes palmas y playas soleadas es vecina de un país que se llama Perú. El "morro de Arica", un enorme y empinado cerro al borde del mar es un punto de atracción para turistas de todos los rincones del mundo.

Como un gran escudo rocoso protege la ciudad de lo que pueda arrojar el mar. Hace muchos años hubo una batalla entre Chile y Perú donde soldados valientes de ambos países pelearon para defender sus tierras.

En la cima de la explanada la bandera chilena flamea con orgullo en el viento, con su blanca estrella solitaria que representa la nación.

¿Pero dónde está Roxy, la pueden encontrar?

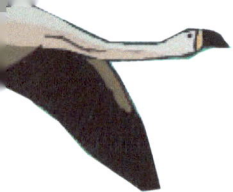

Próxima parada......
el lago Chungará.
¿Roxy, sabías que es uno de
los lagos más altos del mundo?

Sus aguas vidriosas son como un espejo
que reflejan la silueta de los volcanes
glaseados de blanco y las dispersas
nubes que flotan perezosamente por los
cielos cristalinos. Es un verdadero oasis
para un sinfín de fauna, es decir los
animales que viven en la zona.
¡Roxy, hay muchos amigos
nuevos por conocer!
¿Qué ves? "Veo guanacos, un zorro
andino, flamencos chilenos y volcanes".

¡Qué maravilla!

¿Dónde estás ahora Roxy?

"Disfrutando la fresca brisa marítima con mi nuevo amigo el lobo de mar. Estoy en Antofagasta, otra ciudad costera del norte. Admiro La Portada de Antofagasta que es como la puerta de entrada a estas tierras", dice Roxy.

Este arco natural se formó a lo largo de millones de años con capas de fósiles, conchas, rocas volcánicas y otros sedimentos marinos. Se ve tan misterioso flotando en las aguas saladas, como una invitación a un mundo mágico.

¿A qué se parece Roxy?

"Como medio donut glaseado mordisqueado. Tengo hambre".

Cerca de Antofagasta se encuentran muchos depósitos de cobre que están enterrados bajo la tierra.

¡De hecho, Chile es el productor de cobre más grande del mundo! El cobre es un mineral muy importante que es usado para fabricar productos que usamos todos los días, como celulares, computadores, autos y mucho más. También ayuda a conducir electricidad, y las nuevas tecnologías que resguardan el medio ambiente como la energía solar y eólica, necesitan cobre para elaborar sus partes. Para extraer el cobre enterrado, se necesitan equipos gigantes para excavar y transportar las rocas que albergan el metal rojo en su interior. Se forman enormes rajos donde camiones imponentes trabajan sin cesar como una larga fila de hormigas que cavan por los suelos para construir sus nidos.

¿Pero dónde está Roxy?
¿Quién es su nuevo amigo?
¡Es un cóndor! Los cóndores viven en la cordillera
de los Andes y se encuentran por todo Chile.
Son las aves más grandes que verás
volando por los cielos.

En lo alto de las montañas, aguas termales burbujean y hierven bajo la tierra.

El agua llega a una elevada temperatura y se expulsa a través de orificios en el suelo como una gran fuente de agua con chorros que bailan en el aire, antes de desplomarse con un histriónico final. El vapor forma una cortina humeante, y parecería que las nubes llegaron a la tierra. Son los Géiseres del Tatio, una vista esplendida que se aprecia de madrugada todos los días. ¿Roxy, que te parece este fenómeno natural? "Hay vapor a mi alrededor, pero hace mucho frío. Usé mi parka para estar calentita.

Esta es una vista que no olvidaré. Es como una torta enorme de chocolate que le soplaron las velas. Ahora se me antoja un trozo, y con helado", dice Roxy.

Cuando surgen las condiciones perfectas,
algo mágico ocurre en el desierto.
¡Florece! ¿Pero cómo puede ser?

Cientos de distintas flores silvestres hacen su aparición sólo si ha caído suficiente lluvia para despertar las semillas que han estado durmiendo pacíficamente bajo los suelos secos del desierto. Cuando comienzan a brotar, el desierto explota en un festival de colores, como una gran piñata que se revienta compartiendo los dulces multicolor. El arcoíris de flores atrae lagartijas, insectos y animales, transformando el desierto silencioso, en un paisaje transitado.

¡Que suerte tiene Roxy!

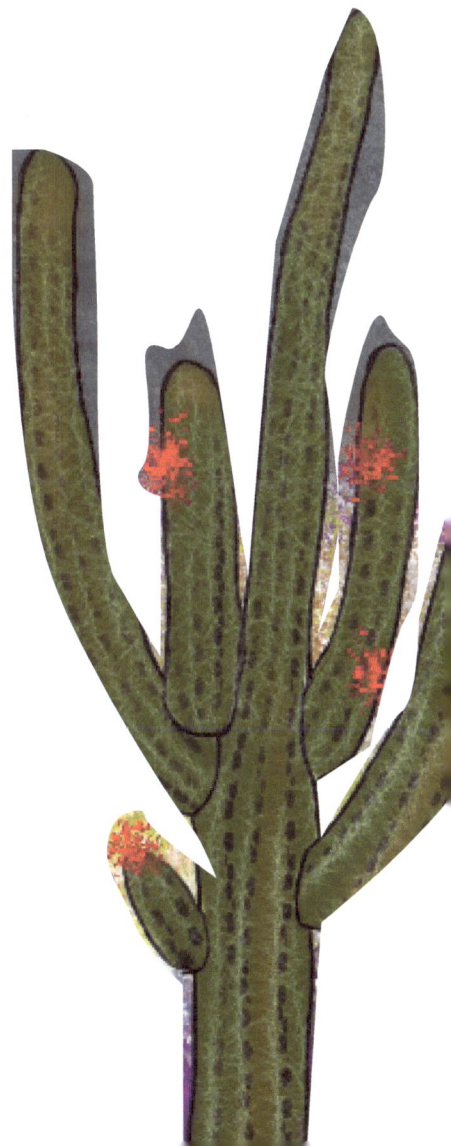

Roxy sigue su rumbo hacia el sur, pero se detiene en la ruta de las estrellas en Valle del Elqui. Aquí los cielos son tan transparentes, que astrónomos viajan desde lugares lejanos para estudiar los cosmos. Cuando se esconde el sol, comienza el parpadeo de millones de estrellas que alumbran la noche como las luciérnagas de verano que despiertan al atardecer y salpican la oscuridad con su brillo juguetón. Roxy encuentra una nueva amiga, una pequeña chinchilla que la acompaña mientras observa la nebulosa de ensueño.

¡Roxy ha llegado a la gran metrópolis de Santiago!

Tanto ajetreo cotidiano, bulla y multitudes. Tantos edificios en la ciudad capital, y hogar del rascacielos más alto de América del Sur. Alcanza las nubes y domina los otros edificios en el perfil urbano. Roxy visita el Cerro San Cristóbal, un parque metropolitano que se sitúa en un cerro frondoso.. El teleférico transporta a visitantes sobre las copas de los árboles para disfrutar una vista despejada. ¿Pero dónde está Roxy? ¿La pueden encontrar?

No muy lejos de Santiago en la costa del Pacífico, se encuentra una ciudad histórica que es única. Construida en las laderas de los cerros, Valparaíso alberga casas coloridas, calles estrechas y serpenteantes, escaleras eternas, arte urbano alegre, funiculares, e innumerables cafés y heladerías. Hay mucho que hacer, y mucho que ver. Roxy quiere una mejor vista, así que toma vuelo en un parapente balanceándose por los cielos de un lado al otro.

¡Que divertido Roxy!

Lejos del continente en medio del océano, emerge Rapa Nui desde las aguas azul profundo. También llamada Isla de Pascua, solo se llega a esta isla volcánica que pertenece a Chile por el mar o los cielos. Roxy planea entre las nubes como un cóndor con sus alas extendidas. Que vista maravillosa, se aprecian los imponentes moais erguidos, solemnes y orgullosos. Por cientos de años han vigilado y protegido a los isleños. ¿Pero cómo llegaron ahí? Roxy se imagina que salieron marchando desde la profundidad de un fogoso volcán, para acomodarse con sus espaldas hacia el mar formando una barrera protectora contra los fuertes vientos del pacífico que soplan y silban sin cesar.

Ya de regreso en el gran continente, Roxy se embarca en un tren rumbo al sur.

Por fuera de la ventana las ondulantes colinas y fértiles valles abundantes en frutas jugosas pasan a gran velocidad, convirtiéndose en un calidoscopio de colores. Roxy se acerca a Santa Cruz, donde los viñedos proliferan, y las uvas maduran a la perfección. En el momento preciso, las uvas son aplastadas para liberar sus jugos que descansaran en barricas de roble por muchos días y muchas noches. La madera con aroma a especies le da un sabor especial al vino que se está fermentando en su interior. Roxy visita un viñedo y decide ver de cerca como crecen las parras.

¿Ven a Roxy?

Roxy sigue su viaje al sur a la región de la Araucanía,
un territorio chileno que rebosa de lagos, ríos, volcanes,
y hermosas araucarias. Las araucarias son árboles sagrados
siempreverde con un largo tronco, y ramas que se alzan al
cielo formando un rugoso paragua verde para cobijar todas
las criaturas que viven en el bosque. Roxy conoce a dos
nuevos amigos, un diminuto pudú, el venado más pequeño
que existe, y un fuerte y cafesoso huemul, que también
pertenece a la familia de los venados.
Son muy tímidos los dos, y se esconden entre las ramas
hasta sentirse seguros y fuera de peligro. Pero Roxy es
pequeña también, y pronto se hacen amigos. El pudú y el
huemul le cuentan cómo es vivir entre las araucarias.

¿Te gustaría vivir en este bosque?

El archipiélago de Chiloé es un destino infaltable.

Todas las primaveras y veranos las corrientes frías de Humboldt transportan a través de largas distancias a la gigante ballena jorobada en busca de alimento.

Su inconfundible canto bajo el agua es una sinfonía melancólica y serena para todos los animales acuáticos de la zona, como la tonina, el delfín chileno que surfea entre las olas verde-azul.

Roxy se sube a una lancha artesanal para ver de cerca a los simpáticos y conversadores pingüinos de Humboldt, que anidan en un islote de estas costas junto a otras especies de pingüinos y aves. Chile con su hermosa geografía, es el hogar de una gran variedad de fauna.

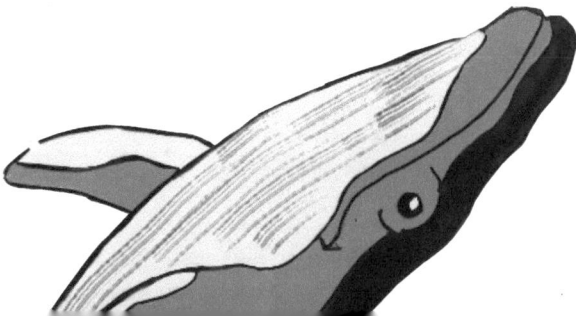

Roxy continúa su viaje hacia la Laguna San Rafael, una laguna única que deja a Roxy boquiabierta.

Se sube a un barco blanco y rojo
para acercarse a la gran muralla
azulina y congelada que flota sobre las
aguas gélidas. El glaciar de la Laguna
San Rafael se ha formado a lo largo
de cientos de años, con sus puntas
cristalinas y bordes blancos escarchados.
Perezosamente se desliza sobre el
agua, y cuando un trozo se despega
repentinamente, cae con una gran
salpicadura que retumba como un trueno
gruñón. El ruido y las olas asustan a
Roxy, y se siente tan pequeña bajo los
imponentes bloques de hielo.
¿Qué piensas Roxy?
"Estoy lista para servirme una rica taza
de chocolate caliente", dice.

"Ven y vuela conmigo, y algo espectacular verás," dice el majestuoso cóndor mientras planea sobre las puntiagudas cimas de Torres del Paine.

Roxy admira el tamaño y forma de las torres, y ve un puma solitario sentado a la distancia. Esta ventoso y hace frío, sin embargo esta región austral es el hogar de muchos animales. Roxy se acuerda de su propio hogar en la gran capital, y de su cama calentita que la espera para acurrucarla y ayudarla a soñar sobre nuevas aventuras. Ahí pertenece, y es hora de volver. Chile ha sido un gran descubrimiento y Roxy nunca se olvidará de los paisajes recorridos o de sus nuevos amigos.

Fin

Roxy
Descubre Chile

HISTORIA E ILUSTRACIONES
Michelle Valenzuela Caorsi
roxybookseditorial@gmail.com

DISEÑO GRÁFICO
SOLOUNO DISEÑO GRAFICO
www.solouno.cl
@solouno_disenografico
kathysp@solouno.cl

ISBN

978-1-7378363-2-2

ROXY
BOOKS

SOBRE LA AUTORA

Michelle nació en Washington, D.C.,
y en sus primeros años vivió en
Suiza, El Salvador, y Perú. Regresó
a los Estados Unidos donde continuó
sus estudios y obtuvo su
Licenciatura en inglés
y una Maestría en Educación.
En la actualidad ejerce como
intérprete simultánea certificada y
traductora en diversas industrias.
Michelle vive en Santiago de Chile
con sus dos hijos y la pequeña Roxy.

www.ingramcontent.com/pod-product-compliance
Lightning Source LLC
LaVergne TN
LVHW072055070426
835508LV00002B/113